FAMILIEN REZEPTE

Gesund Kochen mit dem Thermomix. Mit Weight Watcher Punkten!

ANDREA ZIMMER

Inhaltsverzeichnis

NUDELN MT GEMÜSEBOLOGNESE

WEIGHT WATCHER PUNKTE

6 pro Portion

ZUTATEN

4 Portionen

- 200 g Nudeln
- 1 Zwiebel
- 1 Knoblauchzehe
- 1 Zucchini
- 3 Karotten
- 1 Dose stückige Tomaten (circa 390g)
- 1 Brühwürfel
- 1 EL Frischkäse
- 200 g Wasser
- 40 g Tomatenmark
- 1 Prise Salz
- 1 Prise Pfeffer

ZUBEREITUNG

- Die Nudeln laut Verpackung kochen.
- Zunächst die Zucchini und die Möhren in Stücke schneiden und zusammen mit der Zwiebel und dem Knoblauch in den Thermomix geben und für circa 5 Sekunden auf Stufe 5 zerkleinern.
- Nun alle restlichen Zutaten hinzugeben und für 15 Minuten im Linkslauf bei 95 Grad Celsius auf Stufe 1 kochen.
- Zum Schluss die Nudeln mit der Gemüsebolognese vermengen.

KOHLRABI-MÖHRENSUPPE

WEIGHT WATCHER PUNKTE

0 pro Portion

ZUTATEN

1 Portion

- 1 Stück Kohlrabi
- 2 Möhren
- 1 Zwiebel
- 1 EL Gemüsebrühepaste
- 1 EL 1,5%ige Milch
- 250 g Wasser
- 1 EL Zitronensaft
- 1 TL Majoran

ZUBEREITUNG

- Die Möhren, den Kohlrabi sowie die Zwiebel schälen und in groben Stücken geschnitten in den Thermomix geben. Anschließend den Messbecher einsetzen und für 5 Sekunden auf Stufe 5 alles zerkleinern.
- Danach mit dem Spatel alles nach unten schieben.
- Schließlich wird der Inhalt für 3 Minuten/Varoma auf Stufe 1 angedünstet.
- Nun die Gemüsebrühepaste und 250 g Wasser hinzufügen und für 18 Minuten bei 100 Grad Celsius garen.
- Nach Ablauf dieser 18 Minuten wird die Suppe für etwa 20 Sekunden auf Stufe 8 püriert.
- Zum Schluss die Milch und den Zitronensaft hinzugeben und mit Pfeffer, Salz und Majoran die Suppe abschmecken.

PUTENFRIKASSEE MIT LAUCH UND ERBSEN

WEIGHT WATCHER PUNKTE

10 pro Portion

ZUTATEN

2 Portionen

- 300 g gewürfeltes Putenbrustfilet
- 1 Schalotte
- 1 Stange Lauch
- 1 TL Rapsöl
- 2 TL Salz
- 120 g Reis
- 1000 g Wasser
- 130 g Erbsen
- 1 TL Gemüsebrühe

ZUBEREITUNG

- Zunächst wird das Putenbrustfilet gewürfelt und in den Varoma-Einlegeboden gegeben, welcher mit Backpapier vorher ausgelegt wurde.
- Den Lauch in den Thermomix geben und für 4 Sekunden auf Stufe 4 zerkleinern. Dann zusammen mit den Erbsen in den Varoma geben.
- Anschließend die Schalotte in den Thermomix geben und auf Stufe 4 für 5 Sekunden zerkleinern. Danach mit 1 TL Rapsöl für 2 Minuten auf Stufe 2 bei 100 Grad Celsius andünsten und schließen über das Fleisch verteilen.
- Nun werden das Wasser und das Salz in den Thermomix gegeben. Danach das Garkörbchen einhängen und den Reis einwiegen.
- Alles zusammen wird nun bei 30 Minuten/Varoma/Stufe 1 gegart.
- Reis und Varoma anschließend zur Seite stellen und die Garflüssigkeit auffangen.
- 250 g der Garflüssigkeit zusammen mit einem TL Gemüsebrühe bei 100 Grad Celsius auf Stufe 2 für 2 Minuten aufkochen.

- Zum Schluss wird noch einmal das Putenfleisch, die Erbsen und der Lauch hinzugegeben und für 3 Minuten bei 100 Grad Celsius im Linkslauf auf Stufe 1 gegart.

KAROTTEN-LASAGNE

WEIGHT WATCHER PUNKTE

9 pro Portion

ZUTATEN

2 Portionen

- 300 g Karotten
- 10 g Olivenöl
- 1 Dose stückige Tomaten
- 1,5 TL Salz
- 1/2 TL Pfeffer
- 1 TL Curry
- 1 TL Gemüsebrühe
- 200 g Frischkäse
- 2 EL Basilikum
- 6 Lasagneplatten

ZUBEREITUNG

- Zunächst werden die Möhren in den Mixtopf gegeben und für 5 Sekunden auf Stufe 5 zerkleinert. Das Olivenöl hinzufügen und alles für 2,5 Minuten/Varoma/Stufe 1/Linkslauf andünsten.
- Anschließend die Tomaten, Gewürze und die Gemüsebrühe hinzugeben und für circa 6 Minuten bei 100 Grad Celsius im Linkslauf auf Stufe 1 aufkochen lassen.
- Basilikum und den Frischkäse zugeben und für 2 Minuten bei 100 Grad Celsius auf Stufe 1 im Linkslauf mitkochen lassen.
- Zum Schluss mit den Lasagnenplatten in einer Auflaufform schichten. Dabei mit einer Schicht Tomaten-Karottensoße beginnen und abschließen. Nun im vorgeheizten Backofen für 40 Minuten bei 200 Grad Celsius backen.

TOMATEN-RISOTTO

WEIGHT WATCHER PUNKTE

6 pro Portion

ZUTATEN

2 Portionen

- 45 g Parmesan
- 1 EL Basilikum
- 1 TL Olivenöl
- 140 g Risottoreis
- 300 g Tomatensaft
- 200 g Gemüsebrühe
- 300 g gestückelte Tomaten
- Salz
- Pfeffer
- 1 Zwiebel

ZUBEREITUNG

- Den Parmesan in den Mixtopf geben und für 10 Sekunden auf Stufe 10 zerkleinern. Anschließend in eine Schüssel umfüllen und den Mixtopf ausspülen.
- Die Zwiebel in den Mixtopf geben und auf Stufe 5 für 3 Sekunden zerkleinern.
- Anschließend das Olivenöl hinzugeben und für 3 Minuten auf Stufe 1 bei 100 Grad Celsius andünsten.
- Den Risottoreis zugeben und für 3 Minuten bei 100 Grad Celsius im Linkslauf auf Stufe 1 andünsten.
- Mit 1/4 Tomatensaft und 1/4 Gemüsebrühe alles ablöschen und für 5 Sekunden im Linkslauf auf Stufe 2 verrühren.
- Danach den restlichen Tomatensaft und die restliche Gemüsebrühe hinzugießen und für 20 Minuten bei 100 Grad Celsius auf Sanftrührstufe im Linkslauf garen.
- Die Tomatenwürfeln, das Basilikum und den Parmesan mithilfe des Spatels unterrühren und alles mit Salz und Pfeffer abschmecken.

HÜHNERFRIKASSEE

WEIGHT WATCHER PUNKTE

5,5 pro Portion

ZUTATEN

2 Portionen

- 400 g Gemüsebrühe
- 50 g fettarme Milch
- 240 g Hähnchenbrustfilet in Würfeln
- 200 g Spargel in kleine Stücke
- 200 g Champignons in Scheiben
- 100 g tiefgekühlte Erbsen
- 40 g Reis
- 3 TL Mehl
- Salz
- Pfeffer
- Zitrone

ZUBEREITUNG

- Die Gemüsebrühe wird in den Mixtopf gefüllt.
- Der Reis wird in das Garkörbchen eingewogen.
- Das Hähnchenbrustfilet wird in den Varoma gefüllt.
- Zum Schluss noch das Gemüse in den Einlegeboden legen und alles bei 25 Minuten /Varoma/Stufe 2 garen.
- Anschließend werden der Reis, das Gemüse sowie das Fleisch warmgestellt.
- In die Gemüsebrühe wird abschließend die Milch, das Mehl, Salz, Pfeffer und ein Spritzer Zitronensaft gegeben und alles für 3 Minuten bei 100 Grad Celsius auf Stufe 2 aufgekocht. Zum Schluss über das Gemüse und den Fleisch geben und gut unterrühren.

PUTEN-REIS-PFANNE

WEIGHT WATCHER PUNKTE

10 pro Portion

ZUTATEN

4 Portionen

- 200 g Reis
- 40 g getrocknete Tomaten ohne Öl
- 600 g heiße Gemüsebrühe
- 400 g Putenbrustfilet
- 3 Zucchini
- 4 EL Tomatenmark
- 1 Kugel Mozzarella
- 150 g Mais
- 1 Prise Pfeffer
- 2 TL gehackter Oregano

ZUBEREITUNG

- Das Putenbrustfilet abspülen, trocken tupfen und in Streifen schneiden. Anschließend würzen und auf den Varomaeinlegeboden verteilen.
- Die Zucchini waschen, die Streifen schneiden, würzen und in den Varoma legen.
- In den Thermomix die heiße Gemüsebrühe sowie die getrockneten Tomaten füllen.
- Das Garkörbchen einhängen und den Reis einwiegen.
- Anschließend den Thermomix verschließen und den Varoma inklusive Einlegeboden aufsetzen. Alles für 25 Minuten/Varoma/Stufe 1 garen lassen.
- Danach den Varoma entfernen und das Fleisch sowie die Zucchini warmstellen.
- Auf den Thermomix nun den Messbecher setzen und den Reis für weitere 10 Minuten bei 100 Grad Celsius auf Stufe 1 weiterkochen.
- In der Zwischenzeit wird der Mais zu den Zucchini-Streifen gegeben und der Mozzarella wird in kleine Würfel geschnitten.

- Den fertigen Reis ebenfalls warmstellen.
- Zu der Garflüssigkeit und den aufgeweichten getrockneten Tomaten noch 100 g Wasser, das Tomatenmark, Pfeffer und Oregano zufügen und zu einer Soße pürieren.

LASAGNESUPPE

WEIGHT WATCHER PUNKTE

9 pro Portion

ZUTATEN

3 Portionen

- 3 TL Rapsöl
- 2 Zwiebeln
- 450 g Tatar
- 500 g Gemüsebrühe
- 3 TL Tomatenmark
- 3 Dose stückige Tomaten
- 6 Lasagneplatten
- 3 EL Saure Sahne
- 3 EL Parmesan
- 3 EL Basilikum
- Italienische Kräuter
- Salz
- Pfeffer

ZUBEREITUNG

- Die Zwiebeln halbieren und im Thermomix für 5 Sekunden auf Stufe 5 zerkleinern.
- 3 TL Öl hinzugeben und für 2 Minuten/Varoma/Stufe 0,5 andünsten.
- Anschließend das Tatar zugeben und für 8 Minuten bei 100 Grad Celsius auf Stufe 1 im Linkslauf kochen.
- Danach die Gemüsebrühe, die stückigen Tomaten, das Tomatenmark sowie die Kräuter zugeben und alles für 12 Minuten bei 100 Grad Celsius auf der Stufe 1 im Linkslauf kochen.
- Die Lasagnenplatten in mundgerechte Stücken teilen, zugeben und für weitere 12 Minuten auf Stufe 1 bei 100 Grad Celsius im Linkslauf kochen.
- Pro Portion 1 TL Basilikum, 1 TL Parmesan und 1 TL Saure Sahne zufügen.

ERDNUSS-HÄHNCHEN-PFANNE

WEIGHT WATCHER PUNKTE

9 pro Portion

ZUTATEN

4 Portionen

Dressing

- 100 g Joghurt
- 50 g Saure Sahne
- 1 TL Senf
- 0,5 TL Salz
- 0,5 TL Pfeffer
- 50 g Wasser

Hähnchengeschnetzeltes

- 400 g Hähnchengeschnetzeltes
- 2 EL Sojasoße
- 1 Prise Paprikapulver

Salat

- 1/2 Eisbergsalat
- 4 Tomaten
- 1 Bund Lauchzwiebeln

Reis

- 1000 g Wasser
- 300 g Reis
- 2 Gemüsewürfel

Soße

- 6 TL Erdnusscreme
- 6 EL Frischkäse
- 1 Spritzer Honig
- Salz
- Pfeffer

ZUBEREITUNG

- Das Hähnchengeschnetzeltes abspülen, trocken tupfen und mit der Sojasoße und dem Paprikapulver marinieren.
- Den Rühraufsatz aufsetzen und alle Dressingzutaten in den Mixtopf geben und für 30 Sekunden auf Stufe 3 verrühren. Anschließend in eine Schüssel zur Seite stellen.
- Den Mixtopf ausspülen und das Hähnchengeschnetzeltes in den oberen Varoma legen. Das Wasser und die Gemüsewürfel in den Mixtopf geben. Den Reis in den Gareinsatz einwiegen. Dann den Varoma aufsetzen und für 28 Minuten/Varoma/Stufe 1 garen.
- Den Eisbergsalat waschen, trocken schleudern und zerkleinern. Die Tomaten waschen und kleinschneiden. Die Lauchzwiebeln waschen, in Ringe schneiden und zuletzt alle Zutaten gut miteinander vermengen.
- Den Reis und das Hähnchengeschnetzeltes warmstellen. 300 g Garflüssigkeit in den Mixtopf geben und anschließend die Erdnusscreme und den Frischkäse zugeben und für 30 Sekunden auf Stufe 5 vermischen. Zum Schluss mit Honig verfeinern und mit Salz und Pfeffer abschmecken.

NUDELTOPF MIT WÜRSTCHEN

WEIGHT WATCHER PUNKTE

11 pro Portion

ZUTATEN

2 Portionen

- 150 g Hörnchennudeln
- 1 Zwiebel, halbieren
- 2 Paprika, gewürfelt
- 2 Geflügelwiener, in Scheiben geschnitten
- 1 TL Pflanzenöl
- 100 g tiefgekühlte Erbsen
- 200 g Tomatensaft
- 2 EL Ajvar
- 2 EL Creme Légere
- 1 EL gehackte Petersilie
- 3 Tomaten, in Würfel geschnitten
- Salz
- Pfeffer

ZUBEREITUNG

- Die Nudeln laut Verpackung in Salzwasser kochen.
- Die Zwiebel in den Thermomix geben und für 5 Sekunden auf Stufe 5 zerkleinern.
- Öl, Paprikawürfel und die Würstchenscheiben zugeben und für 5 Minuten auf Stufe 1 bei 100 Grad Celsius anbraten.
- Erbsen, Tomatensaft, Ajvar, Creme Légere und die Gewürze mit in den Thermomix geben und für 4 Minuten auf Stufe 1 im Linkslauf bei 100 Grad Celsius erwärmen.
- In der Zwischenzeit werden die Nudeln abgegossen und in eine Schüssel geschüttelt.
- Zum Schluss werden die gestückelten Tomaten und die Petersilie mit in den Thermomix gegeben und für 2 Minuten bei 100 Grad Celsius auf Stufe 1 im Linkslauf miterwärmt.

ROSENKOHL-TATAR-PFANNE

WEIGHT WATCHER PUNKTE

9 pro Portion

ZUTATEN

2 Portionen

- 500 g Rosenkohl
- 1 Zwiebel
- 100 g Tatar
- 2 EL Pflanzenöl
- 500 g Wasser
- 1 EL Gemüsebrühepulver
- 100 g Reis
- 1/2 TL Salz
- 1 Prise Paprikapulver
- 1 Prise Muskatnuss
- 1 EL Petersilie
- 1 EL Schnittlauch

ZUBEREITUNG

- Den Rosenkohl am Strunk jeweils kreuzförmig einschneiden und in den Varoma geben.
- 500 ml Wasser und 1 EL Gemüsebrühepulver in den Thermomix geben. In den Garkörbchen den Reis einwiegen. Alles für 30 Minuten/Varoma/Stufe 1 garen.
- In der Zwischenzeit das Tatar in einer beschichteten Pfanne ohne Fett anbraten und zur Seite stellen.
- Den fertigen Reis und Rosenkohl ebenfalls nur Seite stellen und warmhalten.
- Die halbierte Zwiebel in den Thermomix geben und auf Stufe 5 für 5 Sekunden verkleinern. Anschließend mit dem Spatel nach unten schieben. 2 EL Pflanzenöl in den Thermomix geben und für 3 Minuten bei 120 Grad Celsius auf Stufe 1 andünsten.

- 150 g der aufgefangenen Brühe, das Tatar und die Gewürze in den Thermomix zugeben und für 3 Minuten bei 100 Grad Celsius im Linkslauf vermischen.
- Zum Schluss den Reis und den Rosenkohl unter die Sauce mischen und mit den Kräutern vermischen.

CANNELLONI MIT HACKFLEISCHFÜLLUNG

WEIGHT WATCHER PUNKTE

9 pro Portion

ZUTATEN

3 Portionen

Cannelloni-Füllung

- 1 Zwiebel
- 400 g Hackfleisch
- 1 Ei
- 0,5 TL Salz
- Pfeffer
- 12 Cannelloni

Soße

- 4 Möhren
- 1 Zwiebel
- 1 Knoblauchzehe
- 800 g stückige Tomaten
- 1 TL Salz
- Pfeffer
- 20 g Parmesan
- 1 TL Öl
- 1 TL Basilikum

- 100 g geriebenen Käse

ZUBEREITUNG

- Zunächst die Zwiebel in den Thermomix geben und für 5 Sekunden auf Stufe 5 zerkleinern. Anschließend das Hackfleisch, das Ei, Salz und Pfeffer dazugeben und für 10 Sekunden auf Stufe 3 vermischen. Anschließend in die Cannelloni füllen und zunächst zur Seite legen.
- Die Möhren, die Zwiebel und den Knoblauch in den Thermomix geben und für 5 Sekunden auf Stufe 5 zerkleinern.

- 1 TL Öl hinzugeben und für 4 Minuten/Varoma/Stufe 1 andünsten. Die restlichen Zutaten für die Soße zugeben und für 10 Minuten bei 100 Grad Celsius auf Stufe 1 andünsten.
- Die Hälfte dieser Soße wird in die Auflaufform getan, die Cannelloni darauf und die restlichen Soße darüber verteilen. Anschließend mit dem Käse bestreuen und bei 200 Grad Celsius im Backofen für 30 Minuten backen.

CURRYSCHNITZEL MIT REIS

WEIGHT WATCHER PUNKTE

11 pro Portion

ZUTATEN

4 Portionen

- 600 g Schweineschnitzel
- 2 Paprika, rot, in Stücke
- 1 Paprika, gelb, in Stücke
- Salz
- Pfeffer
- 280 g Reis
- 1200 g Wasser
- 2 TL Brühepulver
- 1 Knoblauchzehe

Soße

- 100 g Kräuterfrischkäse
- 1 TL Curry
- 0,5 TL Salz
- 1 TL Italienische Kräuter
- Pfeffer

ZUBEREITUNG

- Das Fleisch sowie die rote Paprika in den Varoma verteilen und mit Salz und Pfeffer würzen.
- Den Knoblauch und die gelbe Paprika in den Thermomix geben und für 5 Sekunden auf Stufe 5 zerkleinern. Anschließend das Wasser und das Brühepulver hinzugeben.
- Gareinsatz einsetzen und den Reis einwiegen. Deckel schließen und den Varoma aufsetzen. Dann wird alles für 30 Minuten auf Stufe 1 gegart.
- Varomainhalt und den Reis warmstellen.
- Zur Garflüssigkeit werden alle Zutaten für die Soße hinzugefügt und anschließend für 6 Minuten bei 100 Grad Celsius auf Stufe 4 gekocht.

ASIAPFANNE SÜß-SAUER

WEIGHT WATCHER PUNKTE

8 pro Portion

ZUTATEN

2 Portionen

- 80 g Basmatireis
- Salz
- 240g Schweineschnitzel
- ein Paar Cashewkerne
- 500 g Asia-Gemüse-Mix
- 800 g Gemüsebrühe

Soße

- 3 EL Sojasoße
- 1 EL Tomatenmark
- etwas Honig
- 1 TL Zitronensaft
- Pfeffer

ZUBEREITUNG

- Zunächst die Cashewkerne in den Thermomix geben und kurz auf Stufe 7-8 hacken. Diese dann umfüllen und zur Seite stellen.
- Das Gemüse in den Varoma geben. Das Fleisch in Streifen schneiden und auf dem Einlegeboden verteilen.
- Die Gemüsebrühe in den Thermomix geben, den Reis in das Garkörbchen einwiegen. Anschließend den Thermomix verschließen und den Varoma aufstellen.
- Dann alles bei Stufe 1/Varoma für 25 Minuten garen lassen.
- Den Reis warmstellen und das Gemüse mit dem Fleisch in eine Schüssel geben.
- 80 g der Garflüssigkeit in den Thermomix geben, die Sojasoße, das Tomatenmark, den Honig und den Zitronensaft hinzugeben. Alles wird für 2 Minuten auf Stufe 3 bei 90 Grad Celsius erhitzt.
- Die Cashewkerne dazugeben, alles mit Salz und Pfeffer abschmecken.

HÄHNCHENBRUST MIT CHILI-HONIG-SOßE

WEIGHT WATCHER PUNKTE

13 pro Portion

ZUTATEN

4 Portionen

- 600 g Hähnchenbrustfilet
- 300 g Basmatireis
- 1 TL Salz
- 1000 g Wasser

Soße

- 500 g Wasser
- 250 g passierte Tomaten
- 1 TL Salz
- 1 TL Pfeffer
- 1 TL Zwiebelpulver
- 0,5 TL Knoblauchpulver
- 0,5 TL Chili
- 40 g Mehl
- 180 g Mais
- 1 EL Honig
- 1 EL Balsamico Essig

ZUBEREITUNG

- Zunächst wird das Fleisch in einer Pfanne mit 2 TL Öl angebraten und anschließend in den Varoma gelegt.
- Den Reis in das Garkörbchen einwiegen, 1 TL Salz darüber verteilen und 1 Liter Wasser darüber gießen. Den Varoma aufsetzen und für 25 Minuten /Varoma auf Stufe 1 garen.
- Reis und Fleisch warmhalten.
- Alle Zutaten für die Soße bis einschließend dem Mehl in den Thermomix geben und für 6 Minuten auf Stufe 4 bei 100 Grad Celsius kochen.
- Zum Schluss noch die restlichen Zutaten zugeben und für 1 Minute bei 100 Grad Celsius im Linkslauf auf Stufe 1 kochen.

RINDERGULASCH

WEIGHT WATCHER PUNKTE

4 pro Portion

ZUTATEN

4 Portionen

- 500 g Rindergulasch
- 2 rote Paprika, in Stücken
- 2 Zwiebeln, gestückelt
- 2 Knoblauchzehen
- 2 TL Gemüsepaste
- 1 TL Salz
- 1 TL Paprika edelsüß
- 1 TL Paprika scharf
- 50 g Tomatenmark
- 5 g Speiseöl
- 500 g Wasser

ZUBEREITUNG

- Die Zwiebeln vierteln und zusammen mit dem Knoblauch in den Thermomix geben und für 6 Sekunden auf Stufe 6 zerkleinern.
- Den Deckel öffnen und mit dem Spatel alles nach unten schieben. Das Öl hinzugeben und für 3 Minuten/Varoma auf Stufe 2 andünsten.
- Die kleingeschnittene Paprika dazugeben und für 6 Sekunden auf Stufe 6 zerkleinern. Alles mit dem Spatel nach unten schieben und für 3 Minuten/Varoma auf Stufe 2 andünsten.
- Das Fleisch und das Tomatenmarkt zugeben und für 5 Minuten bei 100 Grad Celsius mit dem Messbecherdeckel andünsten.
- Alle restlichen Zutaten hinzufügen und für 70 Minuten bei 100 Grad Celsius im Linkslauf kochen.

PUTEN-GEMÜSE-TOPF

WEIGHT WATCHER PUNKTE

8 pro Portion

ZUTATEN

4 Portionen

- 400 g Putenbrust, in Streifen
- 1 TL Tomatenpesto
- 600 g Kartoffeln, geschält, geschnitten
- 600 g Gemüse (nach Belieben)
- 1 TL Gemüsepaste
- 1 Zwiebel, halbiert
- 1 TL Knoblauchpaste
- 15 g Olivenöl
- 500 g Wasser
- 1 TL Paprika, edelsüß
- 1 TL Salz
- 1/4 TL Muskat
- 1 TL Pizzagewürz
- 1 TL Basilikum
- 1 TL Majoran
- 90 g Tomatenmark
- 2 EL Mehl
- 150 g Saure Sahne

ZUBEREITUNG

- Die Zwiebel und die Knoblauchpaste in den Thermomix geben und auf Stufe 5 für 5 Sekunden zerkleinern. Anschließend alles mit dem Spatel nach unten schieben. Das Öl zugeben und alles für 3 Minuten/Varoma auf Stufe 2 andünsten.
- Das Gemüse in den Varoma legen, Backpapier unter Wasser zerknüllen und auf den Einlegeboden legen. Die Putenbrust mit dem Tomatenpesto bestreichen und auf den Einlegeboden verteilen.
- Die Kartoffeln in das Garkörbchen geben.

- Wasser und alle restlichen Zutaten, außer der Saure Sahne und dem Mehl, in den Thermomix geben, das Garkörbchen einhängen, den Varoma aufsetzen und alles für 30 Minuten/Varoma auf Stufe 2 garen.
- Anschließend den Varoma absetzen, das Garkörbchen entnehmen. Die Saure Sahne und das Mehl zugeben und alles für 3 Minuten bei 100 Grad Celsius auf Stufe 3 eindicken.
- Alle Zutaten miteinander vermengen und genießen.

CURRYHÄHNCHEN MIT REIS

WEIGHT WATCHER PUNKTE

11 pro Portion

ZUTATEN

4 Portionen

- 500 g Hähnchenbrust in Würfel
- 2 Paprikaschoten in Stücken
- 300 g Zucchini, geviertelt und dann in Scheiben
- 800 g Wasser
- 1 TL Salz
- 300 g Reis
- 100 g Milch
- 1 TL Salz
- 1 TL Zwiebelpulver
- 1 TL Curry
- 40 g Mehl

ZUBEREITUNG

- Das Fleisch mit Salz, Pfeffer und Curry würzen und in den Varomaeinlegeboden legen.
- Die Paprikaschoten und die Zucchini in den Varoma geben.
- Wasser und das Salz in den Thermomix geben.
- Den Reis in den Gareinsatz einwiegen. Anschließend Deckel schließen und den Varoma für 30 Minuten auf Stufe 1 aufsetzen.
- Anschließend den Varomainhalt und den Reis warmstellen.
- Die Garflüssigkeit auf 500 ml mit Wasser auffüllen, Milch, Gewürze und das Mehl dazugeben und alles für 5 Minuten bei 100 Grad Celsius auf Stufe 4 kochen.
- Zum Schluss alles miteinander vermengen.

SPAGHETTI MIT LACHSSPINAT

WEIGHT WATCHER PUNKTE

12 pro Portion

ZUTATEN

2 Portionen

- 120 g Spaghetti
- etwas Salz
- 450 g Blattspinat
- 70 g Wasser
- 150 g Lachsfilet
- 1/2 Zitrone
- 100 g fettarme Milch
- 1 TL Soßenbinder, hell
- etwas Pfeffer
- etwas Muskat

ZUBEREITUNG

- Die Spaghetti wie angegeben im Kochtopf kochen.
- Den Spinat zusammen mit dem Wasser in den Mixtopf geben und den Lachs in den Varoma geben. Für 15 Minuten/Varoma im Linkslauf auf Stufe -1 rühren.
- Den Varoma abnehmen und den Spinat nochmals für 5 Minuten bei 100 Grad Celsius im Linkslauf auf Stufe 1 kochen.
- In der Zwischenzeit den Lachs in Würfel schneiden.
- Die Milch zum Spinat geben, kurz aufkochen lassen und den Saucenbinder anschließend unterrühren.
- Zum Schluss Salz, Pfeffer, Zitronensaft und Muskat hinzugeben und kurz alles miteinander verrühren.
- Den Spinat in eine Schüssel geben und den Lachs unterheben.

BANDNUDELN MIT THUNFISCH-TOMATENSAUCE

WEIGHT WATCHER PUNKTE

11 pro Portion

ZUTATEN

2 Portionen

- 150 g Bandnudeln
- 1 Zwiebel, halbieren
- 1 Knoblauchzehe
- 2 TL Öl
- 1 Dose stückige Tomaten
- 2 EL Kapern
- 50 g schwarze Oliven, in Stücken
- 1 rote Paprikaschote, in Stücken
- 1 Dose Thunfisch in Saft
- Salz
- Pfeffer
- 1 TL gehackten Basilikum

ZUBEREITUNG

- Die Bandnudeln laut Packungsanweisung im Kochtopf kochen.
- Die Zwiebel zusammen mit der Knoblauchzehe in den Thermomix geben und auf Stufe 5 für 3 Sekunden zerkleinern.
- Das Öl hinzugeben und für 3 Minuten /Varoma auf Stufe 1 anschwitzen.
- Die Tomaten, Kapern, Oliven und die Paprika hinzugeben und alles für 15 Minuten bei 100 Grad Celsius auf Stufe 2 kochen.
- Anschließend den Thunfisch dazugeben, mit Salz und Pfeffer würzen und nochmals für 3 Minuten bei 100 Grad Celsius auf Stufe 1 garen.
- Die Nudeln mit der fertigen Sauce vermischen und mit Basilikum garnieren.

KABELJAU IN SENFSAUCE

WEIGHT WATCHER PUNKTE

4 pro Portion

ZUTATEN

4 Portionen

- 600 g Kabeljau
- 1 TL Zitronensaft
- 1/2 TL Salz
- 2 Prisen Pfeffer
- 400 g Kartoffeln, in Stücken
- 500 g Wasser
- 1 Würfel Gemüsebrühe
- 50 g Frischkäse
- 60 g mittelscharfer Senf
- 40 g Speisestärke

ZUBEREITUNG

- Den Kabeljau mit Zitronensaft beträufeln, mit Salz und Pfeffer würzen und in den Varoma legen.
- Die Kartoffel in den Gareinsatz geben.
- Wasser und die Gemüsebrühe in den Thermomix geben, den Gareinsatz einhängen, den Varoma aufsetzen und alles für 23 Minuten /Varoma auf Stufe 1 garen.
- Anschließend den Fisch und die Kartoffeln warmstellen.
- Alle übrigen Zutaten zu der Brühe in den Thermomix geben, für 10 Sekunden auf Stufe 6 verrühren und anschließend für 2,5 Minuten bei 100 Grad Celsius auf Stufe 2 aufkochen lassen.

PASTA MIT RÄUCHERLACHSSOßE

WEIGHT WATCHER PUNKTE

11 pro Portion

ZUTATEN

5 Portionen

- 400 g Nudeln (Bandnudeln)
- 250 g Schalotten
- 1 EL Öl
- 100 g Wasser
- 1 TL Brühepulver
- 500 g Milch
- etwas Salz
- etwas Pfeffer
- 0,5 TL Knoblauchpulver
- 1 TL Dill
- 1 TL Petersilie
- 2 TL Speisestärke
- 200 g Räucherlachs, in Streifen

ZUBEREITUNG

- Die Bandnudeln laut Packungsanweisung im Kochtopf kochen.
- Die Schalotten in den Thermomix geben und für 3 Sekunden auf Stufe 5 zerkleinern.
- Das Öl hinzugeben und für 3 Minuten /Varoma im Linkslauf auf Stufe 1 andünsten.
- Das Wasser und das Brühepulver hinzugeben und alles für 5 Minuten bei 100 Grad Celsius auf Stufe 1 im Linkslauf kochen.
- Anschließend die Milch und alle Gewürze hinzufügen und für weitere 5 Minuten bei 100 Grad Celsius auf Stufe 1 im Linkslauf kochen.
- In einer Tasse die Speisestärke mit etwas Wasser glatt rühren und mit dem Spatel unter die Soße heben.
- Zum Schluss noch den Räucherlachs zugeben und alles für 3 Minuten im Linkslauf bei 80 Grad Celsius verrühren.

PIRATENTOPF

WEIGHT WATCHER PUNKTE

7 pro Portion

ZUTATEN

4 Portionen

- 1 Zwiebel
- 1 rote Paprika
- 1 gelbe Paprika
- 2 TL Pflanzenöl
- 1 EL Tomatenmark
- 500 g Tomatensaft
- 400 g stückige Tomaten
- 200 g Gemüsebrühe
- 200 g Vollkornspaghetti
- 1 Dose Thunfisch im Saft
- 150 g tiefgekühlte Erbsen
- 1 TL Oregano
- 1/2 TL Paprika edelsüß
- Salz
- Pfeffer

ZUBEREITUNG

- Die Zwiebel für 5 Sekunden auf Stufe 5 zerkleinern und anschließend nach unten schieben.
- Die Paprika putzen, grob zerkleinern und in den Thermomix geben. Anschließend auf Stufe 5 für 3 Sekunden zerkleinern.
- Das Tomatenmark sowie das Öl hinzugeben und alles für 3 Minuten bei 120 Grad Celsius im Linkslauf auf Stufe 1 anschwitzen.
- Danach die stückigen Tomaten, Saft und Brühe dazugießen, den Deckel schließen und alles für 100 Grad im Linkslauf für 25 Minuten kochen.
- Die Spaghetti durch die Öffnung stecken und bei erreichter Temperatur etwas mit dem Spatel nachdrücken.

- Die Erbsen und den Thunfisch zugeben und nochmals bei 100 Grad Celsius im Linkslauf für 5 Minuten erhitzen.
- Zum Schluss mit den Kräutern und Gewürzen abschmecken.

THUNFISCH-PAPRIKA-RISOTTO

WEIGHT WATCHER PUNKTE

8 pro Portion

ZUTATEN

2 Portionen

- 1 Zwiebel, halbiert
- 3 rote Paprika, in groben Stücken
- 1 TL Pflanzenöl
- 80 g Risottoreis
- 200 g Gemüsebrühe
- 1 Dose Thunfisch im eigenen Saft
- 1 EL geriebenen Parmesan
- 2 TL Halbfettmargarine
- 2 TL Thymian
- Salz
- Pfeffer

ZUBEREITUNG

- Die Zwiebel und die Paprika in den Thermomix geben und für 3 Sekunden auf Stufe 3 zerkleinern.
- Das Öl und den Reis zugeben und alles für 3 Minuten/Varoma auf Stufe 2 garen.
- Anschließend die Gemüsebrühe dazugießen und alles für 15 Minuten bei 100 Grad Celsius auf Stufe 1 im Linkslauf garen. Den Garkorb als Spritzschutz nehmen.
- 5 Minuten vor Ende der Garzeit den Thunfisch dazugeben und miterwärmen.
- Am Ende den Parmesan, Margarine und den Thymian zugeben und alles für 3 Sekunden im Linkslauf auf Stufe 3 unterrühren.
- Anschließend mit Salz und Pfeffer abschmecken.

GEFÜLLTE ZUCCHINI MIT THUNFISCH

WEIGHT WATCHER PUNKTE

4 pro Portion

ZUTATEN

2 Portionen

- 2 Zucchini
- 4 Lauchzwiebeln
- 2 Tomaten
- 200 g Hüttenkäse
- 2 Dosen Thunfisch im eigenen Saft
- 4 EL geriebenen Käse
- Salz
- Pfeffer
- Thymian

ZUBEREITUNG

- Den Backofen auf 180 Grad Celsius vorheizen.
- Die Zucchini längs halbieren und mit einem Löffel aushöhlen.
- Die Frühlingszwiebeln kleinschneiden und die Tomaten würfeln. Anschließend in den Thermomix geben und für 5 Sekunden auf Stufe 5 zerkleinern.
- Dazu den Hüttenkäse, den Thunfisch, Salz, Pfeffer und Thymian geben und alles für 10 Sekunden auf Stufe 3 im Linkslauf verrühren.
- Die Zucchinihälften in eine Auflaufform setzen, mit der Thunfischmasse füllen und anschließend mit Käse bestreuen.
- Im Backofen dann auf mittlerer Schiene für circa 20 Minuten goldbraun backen.

FARFALLE MIT BROKKOLISAUCE

WEIGHT WATCHER PUNKTE

8 pro Portion

ZUTATEN

2 Portionen

- 750 g tiefgekühlte Brokkoliröschen
- 1 l Gemüsebrühe
- 160 g Farfalle
- 1 EL Cremefine Légere
- 1 Dosen Erbsen- und Möhrengemüse
- Salz
- Pfeffer
- Muskatnuss

ZUBEREITUNG

- Gemüsebrühe in den Thermomix geben und die Brokkoliröschen im Varoma auf den Thermomix setzen. Für 12 Minuten auf Stufe 1/Varoma garen.
- In der Zwischenzeit das Erbsen- und Möhrengemüse abtropfen lassen.
- Anschließend den Gareinsatz in den Thermomix einhängen und die Nudeln einwiegen. Danach den Varoma wieder aufsetzen und für weitere 13 Minuten auf Stufe 1/Varoma garen.
- Anschließend die Brokkoliröschen und die Nudeln warmstellen.
- 250 g der Gemüsebrühe auffangen und in den Thermomix geben. 1/3 von den Brokkoliröschen mit in den Thermomix geben und zusammen mit der Gemüsebrühe für 10 Sekunden auf Stufe 8 pürieren.
- Danach Cremefine Légere zugeben und für 3 Minuten auf Stufe 2 bei 100 Grad Celsius aufkochen.
- Zum Schluss die Gewürze und das Erbsen- und Möhrengemüse dazugeben und für 2 Minuten im Linkslauf bei 80 Grad Celsius erwärmen.

GRIECHISCHES RISOTTO

WEIGHT WATCHER PUNKTE

7 pro Portion

ZUTATEN

4 Portionen

- 1 rote, grüne und gelbe Paprika
- 4 Tomaten
- 3 Zucchini
- 1 Zwiebel
- 2 Knoblauchzehen
- 2 TL Pflanzenöl
- 2 TL Tomatenmark
- Salz
- Pfeffer
- 500 g Gemüsebrühe
- 200 g griechische Reisnudeln
- 1 TL getrockneter Majoran
- 1/2 TL getrockneter Rosmarin
- 100 g Schafskäse

ZUBEREITUNG

- Die Paprika, die Tomaten und die Zucchini waschen. Die Paprika entkernen. Die Tomaten und die Paprika in Würfel schneiden. Die Zucchini werden in Scheiben geschnitten.
- Die Zwiebel und die Knoblauchzehen schälen und die Zwiebel halbieren. Anschließend in den Thermomix geben und für 5 Sekunden auf Stufe 5 zerkleinern.
- Danach 2 TL Öl hinzufügen und für 2 Minuten bei 100 Grad Celsius auf Stufe 2 glasig andünsten.
- 2 TL Tomatenmark hinzugeben und für eine weitere Minuten bei 100 Grad Celsius auf Stufe 2 anschwitzen.
- Die Paprikawürfel und Zucchinischeiben zufügen, salzen, pfeffern und schließlich mit Brühe angießen.

- 200 g Reisnudeln dazuwiegen und mit Majoran und Rosmarin würzen.
- Mit Deckel 15 Minuten bei 100 Grad Celsius auf Stufe 4 im Linkslauf kochen.
- 5 Minuten vor Ende der Garzeit die Tomatenwürfel hinzufügen und mitgaren.
- Den Schafskäse in Würfel schneiden und über das fertige Risotto streuen.

BUNTE TORTELLINISUPPE

WEIGHT WATCHER PUNKTE

7 pro Portion

ZUTATEN

4 Portionen

- 1 kleine Dose Mais
- 1/2 Bund Petersilie, gehackt
- 1 Zwiebel, halbiert
- 2 Knoblauchzehen
- 400 g Möhren, in Würfel geschnitten
- 2 TL Olivenöl
- 1 EL Ajvar
- 1 EL Tomatenmark
- 1 l Wasser
- 4 TL Gemüsepaste
- 150 g tiefgekühlte Erbsen
- 400 g Tortellini mit Spinat-Füllung
- Salz
- Pfeffer
- Paprikapulver

ZUBEREITUNG

- Die Zwiebel und die Knoblauchzehen in den Thermomix geben und auf Stufe 5 für 5 Sekunden zerkleinern.
- Das Öl und die Möhrenwürfel dazugeben und für 5 Minuten bei 100 Grad Celsius auf Stufe 1 andünsten.
- In der Zwischenzeit die Tortellini in den Varoma legen.
- Alle weiteren Zutaten, außer der Petersilie, in den Thermomix geben. Den Varoma aufsetzen und für 20 Minuten auf Stufe 1/Varoma im Linkslauf köcheln.
- Zum Schluss alles in einer Schüssel zusammenmischen und mit Petersilie bestreuen.

GEMÜSERISOTTO

WEIGHT WATCHER PUNKTE

6 pro Portion

ZUTATEN

2 Portionen

- 40 g Parmesan
- 1 Zwiebel
- 1 Knoblauchzehe
- 1 TL Olivenöl
- 150 g Tomaten
- 175 g Risottoreis
- 0,4 l Gemüsebrühe
- 300 g Gemüse der Saison
- Salz
- Pfeffer

ZUBEREITUNG

- Den Parmesan in den Thermomix geben und für 10 Sekunden auf Stufe 10 mahlen und in eine Schüssel umfüllen.
- Die Zwiebel und die Knoblauchzehe in den Thermomix geben und auf Stufe 5 für 5 Sekunden zerkleinern. Anschließend mit dem Spatel nach unten geben.
- Anschließend das Olivenöl hinzugeben und für 2 Minuten auf Stufe 1/Varoma dünsten.
- Die Tomaten zugeben und für 5 Sekunden auf Stufe 5 zerkleinern.
- Nach Zugabe des Reis noch einmal für 5 Minuten auf Stufe 1 / Varoma im Linkslauf köcheln.
- Mit der Gemüsebrühe ablöschen und für 10 Minuten bei 90 Grad Celsius auf Stufe 1 im Linkslauf garen.
- Anschließend das Gemüse der Saison zugeben und erneute für 15 Minuten bei 90 Grad Celsius auf Stufe 1 im Linkslauf kochen.
- Zum Schluss nur noch den Parmesan unterheben.

VEGETARISCHE LASAGNE

WEIGHT WATCHER PUNKTE

8 pro Portion

ZUTATEN

2 Portionen

- 1 Zucchini
- 100 g Champignons
- 1 Zwiebel
- 1 Knoblauchzehe
- 5 g Öl
- 250 g passierte Tomaten
- Salz
- Pfeffer
- Paprikapulver
- 125 g Hüttenkäse
- 150 g Kräuterfrischkäse
- 4 Lasagneplatten
- 23 g geriebener Gouda

ZUBEREITUNG

- Die Zwiebel schälen, halbieren und zusammen mit der Knoblauchzehe in den Thermomix geben und auf Stufe 5 für 5 Sekunden zerkleinern.
- Mit dem Spatel nach unten schieben, das Öl hinzugeben und für 2 Minuten /Varoma auf Stufe1 glasig dünsten.
- Die Pilze sowie die Zucchini in Scheiben schneiden und mit 1 EL Wasser, passierte Tomaten und den Gewürzen in den Mixtopf geben und für 5 Minuten auf Stufe 1 bei 100 Grad Celsius kochen.
- Den Hüttenkäse dazugeben und für 1 Minuten auf der Sanftrührstufe alles miteinander vermengen.
- Der Frischkäse wird in einer Schüssel zusammen mit etwas Wasser zu einer cremigen Soße verrührt.

- In eine Auflaufform im Wechsel die Frischkäsesauce, Lasagneplatten und die Tomatensauce schichten. Dabei mit der Frischkäsesauce beginnen und mit der Tomatensauce abschließen.
- Zum Schluss noch den Gouda darüber streuen und für 30 Minuten bei 180 Grad Celsius backen.

PENNE MIT TOMATEN-NUSS-PESTO

WEIGHT WATCHER PUNKTE

11 pro Portion

ZUTATEN

4 Portionen

- 280 g Penne-Nudeln
- 120 g getrocknete Tomaten, ohne Öl
- 4 EL Walnüsse
- 6 TL Halbfettmargarine
- 4 TL Tomatenmark
- 400 g passierte Tomaten
- 6 EL gehackte Petersilie
- 4 EL Parmesan, gerieben
- 2 Knoblauchzehen
- 1/2 TL Gemüsebrühe
- 400 g Cocktailtomaten
- Jodsalz

ZUBEREITUNG

- Den Parmesan in den Thermomix geben und für 10 Sekunden auf Stufe 8 zerkleinern und anschließend umfüllen.
- Die Nudeln laut Verpackungsanweisung kochen.
- Die getrockneten Tomaten mit heißem Wasser überbrühen und anschließend für 10 Minuten ziehen lassen.
- Die Cocktailtomaten halbieren und dann zunächst zur Seite stellen.
- Die Walnüssen in den Thermomix geben und für 4 Sekunden auf Stufe 6 zerkleinern und anschließend 1,5 Minuten/Varoma im Linkslauf anrösten.
- Die Margarine zugeben und für eine Minuten bei 100 Grad Celsius auf Stufe 1 im Linkslauf schmelzen.
- Das Tomatenmark, die passierten Tomaten, Petersilie, die getrockneten Tomaten, den Knoblauch sowie den Parmesan hinzugeben und für 15 Sekunden auf Stufe 10 pürieren.

- Anschließend 3 EL Nudelwasser zum Pesto geben und mit Salz nachwürzen. Für 10 Sekunden auf Stufe 4 alles miteinander verrühren.
- Mit etwas Wasser die Gemüsebrühe aufkochen und kurz die Cocktailtomaten miterhitzen.
- Die Penne mit dem Pesto vermengen und mit den Tomatenhälften garnieren.

GEFÜLLTE ZUCCHINI MIT GEMÜSECOUSCOUS UND FETA

WEIGHT WATCHER PUNKTE

11 pro Portion

ZUTATEN

1 Portionen

- 1 Zucchini
- 1 Karotte
- 1 rote Paprika
- 1 Knoblauchzehe
- 5 g Olivenöl
- 40 g Couscous
- 80 g heiße Gemüsebrühe
- 1 TL Tomatenmark
- 60 g Feta
- Salz
- Pfeffer

ZUBEREITUNG

- Den Couscous in eine Schüssel füllen und mit heißer Gemüsebrühe übergießen. Für 10 Minuten quellen lassen.
- Die Möhren schälen und in Stücke schneiden, die Paprika entkernen, vierteln und alles zusammen mit dem Knoblauch in den Mixtopf geben. Anschließend für 8 Sekunden auf Stufe 4 zerkleinern.
- Das Olivenöl hinzugeben und alles für 8 Minuten bei 100 Grad Celsius auf Stufe 1 andünsten.
- In der Zwischenzeit wird die Zucchini halbiert und mit einem Löffel ausgehöhlt.
- Den Couscous zusammen mit dem Tomatenmark, Pfeffer und Salz vermischen und das gedünstete Gemüse hinzugeben und alles miteinander verrühren.
- Die Zucchinihälften mit dem Couscous füllen und den zerbröselten Feta auf der Zucchini verteilen.

- Anschließend wird die Zucchini in den Varoma gelegt. 500 g Wasser in den Mixtopf geben, den Varoma aufsetzen und alles für 20 Minuten/Varoma auf Stufe 1 garen.

CREMEKARTOFFELN MIT SPINAT

WEIGHT WATCHER PUNKTE

11 pro Portion

ZUTATEN

3 Portionen

- 1 Schalotte
- 2 Knoblauchzehen
- 5 g Rapsöl
- 250 g Milch
- 150 g Cremefine
- 100 g Wasser
- 2 EL Speisestärke
- 2 TL Kräutersalz
- 1000 g Kartoffeln, festkochend, in Würfeln
- 500 g Blattspinat, gehackt
- 100 g Schmelzkäse
- 1/2 TL Thymianblättchen
- 2 Prisen Muskat

ZUBEREITUNG

- Die geschälten Schalotten und Zwiebeln in den Mixtopf geben und für 3 Sekunden auf Stufe 5 zerkleinern.
- Das Rapsöl hinzugeben und alles für 3 Minuten/Varoma auf Stufe 1 andünsten.
- Milch, Cremefine, Wasser und Speisestärke hinzugeben und auf Stufe 4 bei 100 Grad Celsius auf Stufe 1 erhitzen.
- Anschließend das Kräutersalz und die Kartoffeln zugeben und für 18 Minuten auf Stufe 1 bei 100 Grad Celsius im Linkslauf garen.
- Danach den Spinat zugeben und alles nochmals für 6 Minuten bei 90 Grad Celsius auf Stufe 2 im Linkslauf garen.
- Zum Schluss noch die restlichen Zutaten dazugeben und für eine Minuten bei 80 Grad Celsius auf Stufe 1 im Linkslauf untermischen.

SPAGHETTI MIT ZUCCHINI-CHAMPIGNONS-SAUCE

WEIGHT WATCHER PUNKTE

12 pro Portion

ZUTATEN

2 Portionen

- 40 g Parmesan
- 250 g Spaghetti
- 150 g Champignons, in Scheiben
- 400 g Zucchini
- 1 Zwiebel
- 10 g Olivenöl
- 150 g Saure Sahne
- 100 g Milch

ZUBEREITUNG

- Den Parmesan in den Thermomix geben und für 5 Sekunden auf Stufe 10 zerkleinern und anschließend umfüllen.
- Die Zucchini in Stücke schneiden und in den Thermomix für 5 Sekunden auf Stufe 5 zerkleinern. Anschließend wieder umfüllen.
- Die Zwiebel schälen, halbieren und anschließend in den Thermomix geben. Für 5 Sekunden auf Stufe 5 zerkleinern.
- Die Zucchini, Champignons und das Olivenöl hinzugeben und alles für 3 Minuten/Varoma auf Stufe 2 im Linkslauf garen.
- Die restlichen Zutaten hinzufügen und alles für 7 Minuten auf Stufe 1 Varoma im Linkslauf garen.
- Zum Schluss mit Salz, Pfeffer und Muskatnuss würzen.
- Nebenbei die Spaghetti in einem Topf laut Verpackung kochen.

ZITRONEN-TAGLIATELLE

WEIGHT WATCHER PUNKTE

9 pro Portion

ZUTATEN

4 Portionen

- 35 g Walnüsse
- 4 Zwiebeln, halbiert
- 25 g Olivenöl
- 300 g Wasser
- 1 Zitrone
- 400 g Zucchini
- 400 g Nudeln (Tagliatelle)
- Salz

ZUBEREITUNG

- Die Walnüsse in den Thermomix geben und für 3 Sekunden auf Stufe 5 zerkleinern und anschließend umfüllen.
- Die Zwiebeln in den Thermomix geben und für 5 Sekunden auf Stufe 5 zerkleinern. Mit dem Spatel nach unten schieben und das Wasser und das Olivenöl hinzugeben. Alles für 60 Minuten bei 100 Grad Celsius auf Stufe 1 kochen.
- In der Zwischenzeit die Zucchini waschen, die Enden entfernen und halbieren. Mit einem Sparschäler die Zucchini in dünne Schieben schneiden, in den Varoma geben und mit etwas Olivenöl beträufeln.
- Von der Zitrone die Schale dünn mit einem Sparschäler abschälen. Dann die weißen Zesten und die Kerne entfernen. Das Fruchtfleisch und die Zitronenschale in den Mixtopf zu den Zwiebeln geben, den Varoma aufsetzen und dann für 10 Minuten /Varoma auf Stufe 1 mitkochen.
- Die Nudeln laut Packungsanweisung kochen.
- Die Zitronen-Zwiebel-Sauce für 15 Sekunden auf Stufe 8 pürieren.
- Alles in einer Schüssel anrichten, mit Salz abschmecken und die Nüsse darüber streuen.

VOLLKORNNUDELN MIT TOMATEN UND HIRTENKÄSE

WEIGHT WATCHER PUNKTE

9 pro Portion

ZUTATEN

4 Portionen

- 1 Zwiebel, geviertelt
- 1 Knoblauchzehe
- 20 g Rapsöl
- 450 g Wasser
- 200 g Milch
- 2 TL Gemüsebrühe
- 1/2 TL Salz
- 2 Prisen Muskat
- 270 g Vollkornnudeln
- 4 Rispentomaten, kleingeschnitten
- 250 g Hirtenkäse, in kleine Würfel geschnitten

ZUBEREITUNG

- Den Knoblauch zusammen mit der Zwiebel in den Mixtopf geben und für 4 Sekunden auf Stufe 5 zerkleinern.
- Das Rapsöl hinzufügen und alles für 2 Minuten/Varoma auf Stufe 2 andünsten.
- Wasser, Milch, Salz, Muskatnuss und die Brühe zugeben und alles für 5 Minuten auf Stufe 1 bei 100 Grad Celsius zum Kochen bringen.
- Anschließend die Vollkornnudeln in den Mixtopf geben und alles für 10 Minuten im Linkslauf bei 80 Grad Celsius garen.
- Zum Schluss noch die Tomaten und den Hirtenkäse zugeben und für 5 Minuten bei 70 Grad Celsius auf Stufe 3 im Linkslauf untermischen.

SPARGELRISOTTO

WEIGHT WATCHER PUNKTE

8 pro Portion

ZUTATEN

2 Portionen

- 1 Schalotte
- 1 Knoblauchzehe
- 2 TL Öl
- 250 g Spargel weiß, geschält, in Stücken
- 250 g Spargel grün, in Stücken
- 100 g Risottoreis
- 550 g Gemüsebrühe
- 3 EL Frischkäse
- 1 EL Parmesan, gerieben
- Salz
- Pfeffer
- Safran

ZUBEREITUNG

- Die Schalotte und den Knoblauch in den Thermomix geben und alles für 3 Sekunden auf Stufe 7 hacken.
- Anschließend das Öl hinzugeben und für 2 Minuten/Varoma auf Stufe 1 andünsten.
- Den Spargel hinzufügen und alles für 3 Minuten bei 100 Grad Celsius im Linkslauf garen.
- Danach den Risottoreis zugeben und für weitere 3 Minuten bei 100 Grad Celsius im Linkslauf garen.
- Anschließend mit der Gemüsebrühe ablöschen und für 20 Minuten bei 100 Grad Celsius im Linkslauf garen.
- Zum Schluss den Frischkäse und den Parmesan unterrühren und mit den Gewürzen abschmecken.

ZUCCHINIWAFFELN

WEIGHT WATCHER PUNKTE

2,5 pro Portion

ZUTATEN

4 Portionen

- 500 g Zucchini in groben Stücken
- 90 g Mehl
- 20 g Margarine
- 1 Ei
- 1/2 Päckchen Backpulver
- 3 EL Mineralwasser
- 1/2 TL Salz

ZUBEREITUNG

- Die Zucchini in Stücke teilen, in den Thermomix geben und alles für 10 Sekunden auf Stufe 5 zerkleinern.
- Alle weiteren Zutaten hinzugeben und für 5 Sekunden auf Stufe 3 unterrühren.
- Zum Schluss bei mittlerer Temperatur im Waffeleisen für circa 3 Minuten backen.

PAPRIKA-NUDEL-TOPF

WEIGHT WATCHER PUNKTE

11 pro Portion

ZUTATEN

2 Portionen

- 1/2 Zwiebel
- 1 Möhre
- 1 TL Öl
- 1 Paprika
- 15 g Tomatenmark
- 400 g Wasser
- 150 g Rama Cremefine
- 50 g Saure Sahne
- 1 TL Gemüsebrühe
- 200 g Nudeln
- Salz
- Pfeffer
- 2 EL geriebenen Parmesan

ZUBEREITUNG

- Zunächst die Zwiebel und die Möhre (geschält und in kleine Stücke geschnitten) in den Thermomix geben und alles für 5 Sekunden auf Stufe 5 zerkleinern.
- Das Öl hinzugeben und für 2 Minuten/Varoma auf Stufe 2 andünsten.
- In der Zwischenzeit schon einmal die Paprika putzen, würfeln und zusammen mit dem Tomatenmark in den Thermomix geben und für 4 Minuten/Varoma andünsten.
- Alle weiteren Zutaten (außer den Parmesan) in den Thermomix geben und für 14 Minuten bei 100 Grad Celsius im Linkslauf kochen.
- Zum Schluss nur noch anrichten und mit Parmesan bestreuen.

SPAGHETTI BOLOGNESE MIT FENCHEL

WEIGHT WATCHER PUNKTE

13 pro Portion

ZUTATEN

4 Portionen

- 300 g Fenchel, harte Ende entfernen
- 100 g Möhren, schälen
- 50 g Zwiebeln, schälen, halbieren
- 5 g Öl
- 460 g Tatar
- 2 EL Tomatenmark
- 800 g passierte Tomaten
- 100 g Brühe
- 300 g Nudeln
- Salz
- Pfeffer
- Paprikagewürz

ZUBEREITUNG

- Den Fenchel in den Thermomix geben und für 3 Sekunden auf Stufe 4 zerkleinern und anschließend zur Seite stellen.
- Die Karotten und Zwiebel in den Thermomix füllen und für 3 Sekunden auf Stufe 4,5 zerkleinern und ebenfalls zur Seite stellen.
- Das Öl und das Tatar in den Thermomix geben und für 3 Minuten bei 100 Grad Celsius auf Stufe 2 anbraten.
- Mit Salz, Pfeffer und Paprikagewürz würzen.
- Das Tomatenmark und das Zwiebel-Karotten-Gemisch hinzufügen und für weitere 2 Minuten bei 100 Grad Celsius auf Stufe 1 andünsten.
- Die passierten Tomaten und die Brühe hinzugießen und für 10 Minuten bei 100 Grad Celsius auf Stufe 1 im Linkslauf kochen.
- Die Spaghetti laut Verpackung in einen Kochtopf kochen.
- Zum Schluss den Fenchel hinzugeben und für 15 Minuten bei 100 Grad Celsius im Linkslauf auf Stufe 1 kochen.

KICHERERBSENSUPPE MIT BLUMENKOHL

WEIGHT WATCHER PUNKTE

4 pro Portion

ZUTATEN

4 Portionen

- 1 TL Pflanzenöl
- 1 Gemüsezwiebel
- 1 Knoblauchzehe
- 1 TL Kreuzkümmel
- 1 l Gemüsebrühe
- 1 EL Curry-Würzpaste
- 1 Blumenkohl in Röschen
- 400 g Kichererbsen (eingeweicht)
- 2 EL Koriander
- 4 EL Magermilchjoghurt

ZUBEREITUNG

- Die Zwiebel und den Knoblauch in den Thermomix geben und für 5 Sekunden auf Stufe 5 zerkleinern.
- Anschließend das Öl hinzugeben und für 2 Minuten/Varoma andünsten.
- Den Kreuzkümmel dazugeben und für eine weitere Minute andünsten.
- Die Gemüsebrühe, Currypaste und die Kichererbsen hinzufügen, den Blumenkohl in den Varoma legen und für 20 Minuten/Varoma im Linkslauf kochen bis das Gemüse bissfest ist.
- 1/2 des Blumenkohls in den Thermomix geben und für 10 Sekunden auf Stufe 8 pürieren.
- Den restlichen Blumenkohl und die Kichererbsen in den Thermomix geben und für 30 Sekunden auf Stufe 2 im Linkslauf unterrühren.
- Jede Portion mit 1 EL Joghurt und Korianderblättern garnieren.

ZITRONEN-TAGLIATELLE

WEIGHT WATCHER PUNKTE

9 pro Portion

ZUTATEN

4 Portionen

- 35 g Walnüsse
- 4 Zwiebeln, halbiert
- 25 g Olivenöl
- 300 g Wasser
- 1 Zitrone
- 400 g Zucchini
- 400 g Nudeln (Tagliatelle)
- Salz

ZUBEREITUNG

- Die Walnüsse in den Thermomix geben und für 3 Sekunden auf Stufe 5 zerkleinern und anschließend umfüllen.
- Die Zwiebeln in den Thermomix geben und für 5 Sekunden auf Stufe 5 zerkleinern. Mit dem Spatel nach unten schieben und das Wasser und das Olivenöl hinzugeben. Alles für 60 Minuten bei 100 Grad Celsius auf Stufe 1 kochen.
- In der Zwischenzeit die Zucchini waschen, die Enden entfernen und halbieren. Mit einem Sparschäler die Zucchini in dünne Scheiben schneiden und in den Varoma geben und mit etwas Olivenöl beträufeln.
- Von der Zitrone die Schale dünn mit einem Sparschäler abschälen. Dann die weißen Zesten und die Kerne entfernen. Das Fruchtfleisch und die Zitronenschale in den Mixtopf zu den Zwiebeln geben, den Varoma aufsetzen und dann für 10 Minuten /Varoma auf Stufe 1 mitkochen.
- Die Nudeln laut Packungsanweisung kochen.
- Die Zitronen-Zwiebel-Sauce für 15 Sekunden auf Stufe 8 pürieren.
- Alles in einer Schüssel anrichten, mit Salz abschmecken und die Nüsse darüber streuen.

SPAGHETTIPIZZA

WEIGHT WATCHER PUNKTE

10 pro Portion

ZUTATEN

4 Portionen

- 160 g Spaghetti
- Salz
- 1 Zwiebel
- 1 TL Rapsöl
- 240 g Tatar
- Pfeffer
- 400 g Möhren
- 2 Zucchini
- 400 g Tomaten
- getrockneter Rosmarin
- 1 TL Oregano, getrocknet
- 3 EL Tomatenmark
- 4 Eier
- 60 g Creme Légere
- 80 g geriebenen Käse

ZUBEREITUNG

- Die Spaghetti nach Packungsanweisung in einem Topf kochen.
- Die Zwiebel in den Thermomix geben und für 5 Sekunden auf Stufe 5 zerkleinern.
- Mit einem Spatel die Zwiebel nach unten schieben, Öl und Tatar zugeben und für 5 Minuten bei 100 Grad Celsius im Linkslauf auf Stufe 1 anschwitzen und mit Salz und Pfeffer würzen.
- Den Mixtopf leeren und die Karotten, Zucchini und Tomaten bei Stufe 5 für 6 Sekunden zerkleinern.
- Zwiebel-Tatar-Gemisch hinzufügen und mit Salz, Oregano und Rosmarin würzen. Tomatenmark zufügen und alles für 6 Minuten bei

100 Grad Celsius auf Stufe 4 garen. Anschließend umfüllen und den Mixtopf säubern.

- Eier mit Creme Légere in den Mixtopf geben und bei Stufe 5 für 6 Sekunden verrühren, mit den gegarten Nudeln vermengen und auf ein Backblech geben, welches mit Backpapier ausgelegt ist.
- Die Fleisch-/Gemüsesoße auf die Spaghetti streichen. Anschließend mit dem Käse bestreuen und für 30 Minuten bei 180 Grad Celsius auf mittlerer Schiene backen.

MEDITERRANER FILETTOPF

WEIGHT WATCHER PUNKTE

8 pro Portion

ZUTATEN

4 Portionen

- 2 Karotten
- 1 Zucchini
- 1 rote Paprika
- 1 gelbe Paprika
- 2 Zwiebeln, geschält
- 1 Knoblauchzehe, geschält
- 2 TL Olivenöl
- 400 g Schweinefilet, in Streifen
- 2 Dosen stückige Tomaten
- 40 g Tomatenmark
- 2 TL mediterrane Kräutermischung
- 1 TL Gemüsebrühe
- 1 TL Salz
- 1/2 TL Pfeffer
- 300 g Wasser
- 100 g Creme Légere

ZUBEREITUNG

- Die Möhren und die Zucchini in Scheiben schneiden, die Paprika in Stücke schneiden und in den Varoma geben. Eine Zwiebel vierteln und in Scheiben geschnitten über das Gemüse geben.
- Die andere Zwiebel halbieren und zusammen mit der Knoblauchzehe in den Thermomix geben und für 5 Sekunden auf Stufe 5 zerkleinern.
- Olivenöl hinzugeben und alles für 3 Minuten bei 120 Grad Celsius auf Stufe 1 dünsten.
- Das Fleisch hinzugeben und für 5 Minuten bei 120 Grad Celsius auf Sanftrührstufe garen.

- Stückige Tomaten, Tomatenmark, Gewürze und Wasser zugeben, den Varoma aufsetzen und alles für 20 Minuten/Varoma auf Sanftrührstufe köcheln lassen.
- Zum Schluss den Varoma herunternehmen, Creme Légere in den Mixtopf geben und für 5 Sekunden auf Stufe 3 unterrühren. Anschließend das Gemüse für 2 Sekunden auf Stufe 3 unterheben.

SCHWEINEFILET MIT KAROTTENSAUCE

WEIGHT WATCHER PUNKTE

12 pro Portion

ZUTATEN

4 Portionen

- 500 g Schweinefilet
- 250 g Möhren, in Scheiben
- Salz
- Pfeffer
- 300 g Reis

Sauce

- 800 g Wasser
- 1 TL Salz
- 250 g Karotten
- 1 EL Tomatenmark
- 300 g Milch
- 1 TL Öl
- 25 g Mehl
- Pfeffer
- Petersilie
- Zwiebelpulver

ZUBEREITUNG

- Das Schweinefilet in den Einlegeboden vom Varoma legen und mit Salz und Pfeffer würzen. Die Karotten in Scheiben im Varoma verteilen.
- Die Karotten für die Sauce in den Thermomix für 5 Sekunden auf Stufe 5 zerkleinern.
- Anschließend Öl hinzugeben und für 4 Minuten/Varoma auf Stufe 1 garen.
- Das Tomatenmark hinzugeben und nochmals für 2 Minuten /Varoma auf Stufe 1 garen.
- Den Reis in den Gareinsatz einwiegen und das Wasser und das Salz über den Reis in den Thermomix schütten.

- Anschließend den Varoma aufsetzen und für 30 Minuten/Varoma auf Stufe 1 garen.
- Danach den Varomainhalt und Reis warmstellen.
- Die Garflüssigkeit für 30 Sekunden auf Stufe 10 pürieren.
- Milch, Mehl und Gewürze zugeben und nochmals für 5 Minuten bei 100 Grad Celsius auf Stufe 4 kochen.
- Zum Schluss über den Varomainhalt geben.

FRUCHTIGES HÄHNCHENCURRY

WEIGHT WATCHER PUNKTE

6 pro Portion

ZUTATEN

4 Portionen

- 5 Möhren
- 1 Lauchstange
- 200 g Bohnen
- 500 g Hähnchenbrust
- Sojasauce
- 200 g Reis
- 1 Papaya
- 700 g Wasser
- 1 EL Curry
- Kräutersalz
- Koriander
- Pfeffer
- Chilipulver
- Worcherstersauce

ZUBEREITUNG

- Die Hähnchenbrust abspülen, trocken tupfen und anschließend kleinschneiden. Dann mit Kräutersalz und Sojasauce vermischen und für 20 Minuten ziehen lassen.
- Möhren und Porree waschen und in große Stücke schneiden und zusammen mit den Bohnen in Mixtopf geben. Alles kurz für Stufe 6 zerkleinern. Anschließend das Gemüse in den Varoma geben und mit etwas Kräutersalz würzen.
- Wasser in den Mixtopf wiegen. Den Varoma aufsetzen und für 15 Minuten/Varoma auf Stufe 1 garen.
- Den Einlegeboden mit angefeuchtetem Backpapier auslegen und das Hähnchen darauf verteilen. Den Einlegeboden auf den Varoma setzen.

- Das Garkörbchen einsetzen, den Reis einwiegen und kurz auf Stufe 6 durchspülen. Dann den Varoma und den Einlegeboden aufsetzen und für 25 Minuten /Varoma auf Stufe 1 garen.
- In der Zwischenzeit die Papaya halbieren, entkernen und das Fruchtfleisch herauslöffeln.
- Das Gemüse, das Fleisch und den Reis in einen große Schüssel geben und alles gut vermischen.
- 300 g der Garflüssigkeit zusammen mit der Papaya, dem Curry und den restlichen Gewürzen in den Thermomix geben und alles für 5 Minuten bei 100 Grad Celsius auf Stufe 2 kochen.
- Die Soße zum Rest geben und nochmals mischen.

ZIGEUNERGESCHNETZELTES AUS DEM OFEN

WEIGHT WATCHER PUNKTE

10 pro Portion

ZUTATEN

2 Portionen

- 120 g Spiralnudeln
- Salz
- 400 g Schweineschnitzel
- 1 TL Pflanzenöl
- Pfeffer
- 2 Zwiebeln
- 1 rote Paprika
- 1 gelbe Paprika
- 1 grüne Paprika
- 250 g Champignons
- 500g Tomatensaft
- 1 EL Tomatenmark
- Paprikapulver
- getrockneter Oregano
- 60 g geriebenen Käse

ZUBEREITUNG

- Nudeln laut Packungsanweisung in Salzwasser kochen.
- Das Schnitzel in Streifen schneiden.
- Das Öl in den Thermomix geben, Schnitzelstreifen dazu und für 7 Minuten/Varoma im Linkslauf dünsten.
- Anschließend mit Salz und Pfeffer würzen und in eine Auflaufform geben.
- Zum Bratsud im Thermomix die Zwiebel, Paprika und Champignons geben und alles für 5 Sekunden auf Stufe 4 zerkleinern und dann für 10 Minuten /Varoma auf Stufe 1 im Linkslauf andünsten.
- Die restlichen Zutaten, außer den Käse, zugeben und für 1 Minute weiterkochen.

- Die Nudeln gut abtropfen lassen und zusammen mit der Sauce zu den Fleischstreifen geben und alles gut vermischen.
- Den Auflauf mit Käse bestreuen und im Backofen bei 200 Grad Celsius auf mittlerer Schiene circa 20 Minuten backen.

GEFLÜGELSPIEßE MIT ROTEM REIS

WEIGHT WATCHER PUNKTE

9 pro Portion

ZUTATEN

4 Portionen

- 300 g Hähnchenbrustfilet, in Würfel
- 1 Zucchini, in halbe Scheiben
- 1 Paprika, in Stücken
- 100 g Champignons, halbiert
- 6 EL Sojasauce
- 1 EL Öl
- 1 TL Chinagewürz
- etwas Salz
- 1/2 TL gemahlener Ingwer
- 1/2 TL Chilipulver

Roter Reis

- 1 Zwiebel
- 3 EL Tomatenmark
- 1 TL Brühepulver
- 250 g Reis
- 20 g Mehl
- etwas Salz
- etwas Pfeffer

ZUBEREITUNG

- Das Fleisch abwechselnd mit dem Gemüse auf einen Schaschlikspieß stecken und in den Varoma legen. Die Sojasoße mit den Gewürzen vermischen und die Spieße damit bestreichen.
- Die Zwiebel in den Thermomix geben und für 5 Sekunden auf Stufe 5 zerkleinern.
- 2 EL Tomatenmark, 1l Wasser und das Brühepulver dazugeben.
- Den Reis in den Gareinsatz einwiegen. Den Deckel und Varoma aufsetzen und alles für 30 Minuten/Varoma auf Stufe 1 garen.

- Anschließend die Spieße warmstellen.
- Den Reis umfüllen.
- Zur Garflüssigkeit noch 1 EL Tomatenmark, Mehl, Salz und Pfeffer zugeben und alles für 2 Minuten bei 100 Grad Celsius auf Stufe 4 kochen und anschließend mit dem Reis vermischen.

KARTOFFEL-KAROTTEN-EINTOPF MIT TATAR

WEIGHT WATCHER PUNKTE

10 pro Portion

ZUTATEN

2 Portionen

- 2 Zwiebeln, geteilt
- 700 g Kartoffeln, geschält, in Würfel
- 325 g Karotten, geschält, in Scheiben
- 2 TL Pflanzenöl
- 0,2 l Gemüsebrühe
- 120 g Tatar
- 2 EL Senf
- 2 EL Frischkäse
- 1 Prise Salz
- 1 EL Petersilie

ZUBEREITUNG

- Die Zwiebeln, Kartoffeln und Karotten schälen.
- Die Zwiebeln halbieren und in den Thermomix für 2 Sekunden auf Stufe 5 zerhacken.
- 1 TL Öl dazugeben und für 3 Minuten bei 100 Grad Celsius andünsten.
- Die Karottenscheiben zufügen, 200 ml Gemüsebrühe angießen und für 5 Minuten bei 100 Grad Celsius im Linkslauf köcheln lassen.
- Die Kartoffelwürfel dazugeben, die restlichen Brühe angießen und alles für 18 Minuten bei 100 Grad Celsius im Linkslauf garen.
- 1 TL Öl in einer Pfanne erhitzen und das Tatar für 5 Minuten anbraten.
- Zum Schluss das Tatar, den Senf und den Frischkäse zum Gemüse geben und kurz auf Stufe 2 vermengen und alles mit Salz und Pfeffer abschmecken. Mit Petersilie bestreuen.

TAGLIATELLE MIT SCAMPI-KÄSE-SAUCE

WEIGHT WATCHER PUNKTE

8 pro Portion

ZUTATEN

4 Portionen

- 240 g Tagliatelle
- 1 Fenchelknolle, in Stücken
- 1 Zwiebel, halbiert
- 500 g Gemüsebrühe
- 1 Knoblauchzehe
- 1 TL Dillspitzen
- 1 EL Soßenbinder, hell
- 2 EL Schmelzkäse
- 300 g Scampi

ZUBEREITUNG

- Die Zwiebel, den Fenchel und den Knoblauch in den Thermomix für 3 Sekunden auf Stufe 5 zerkleinern und in den Varoma umfüllen.
- Die Scampi auf dem Varomaeinlegeboden verteilen.
- Die Gemüsebrühe in den Mixtopf geben, den Varoma aufsetzen und für 15 Minuten /Varoma auf Stufe 1 garen.
- Anschließend die Tagliatelle in den Mixtopf geben und für weitere 15 Minuten/Varoma auf der Stufe 1 im Linkslauf garen.
- Die Nudeln herausnehmen und die Brühe auffangen.
- Die Brühe anschließend mit dem Soßenbinder, Schmelzkäse und Dill für 5 Minuten/Varoma auf Stufe 2 verrühren.
- Zum Schluss das Fenchelgemüse und die Scampi zur Sauce geben und kurz im Linkslauf auf Stufe 1 verrühren.

21910673R00045

Printed in Poland
by Amazon Fulfillment
Poland Sp. z o.o., Wrocław